Saft

Verlags-Nr. 1581 – 5. Auflage 1975. © 1969 by Loewes Verlag Ferdinand Carl KG, Bayreuth.
Schrift von Julius Kirn. Druck: Konrad A. Holtz GmbH & Co. KG, Bayreuth. Printed in Germany.

Lise Gast



# Unser kleiner Esel Jan

Bilder von Rolf Rettich

Loewes Verlag Bayreuth

Habt ihr schon einmal ein neugeborenes Eselchen gesehen? Nein? Dann

solltet ihr Kerstin und Gesi besuchen. Die beiden haben nämlich eins – ein quicklebendiges, dunkelgraues, langbeiniges Eselkind. Von dem will ich euch erzählen.

Alle jungen Tiere sind lustige Spielgefährten. Kleine Katzen mit weichem Fell oder junge Hunde, tapsig wie Bären. Zicklein und Schafe, wie auf Osterpostkarten gemalt. Na, und erst die kleinen Ponys mit winziger Mähne, staksigen Beinchen und einem Schweif, der aussieht wie ein Hefezopf! Kerstin und Gesi erleben jedes Frühjahr, daß ein Pony ein Fohlen bekommt.

Die beiden kleinen Schwestern wohnen bei ihrer Großmutter, weil ihre Eltern viel auf Reisen sein müssen. Großmutter hat ein kleines Holzhaus am Wald. Ringsum liegen Wiesen, und um die Wiesen steht ein fester Holzzaun mit einer runden Querstange oben. Auf der kann man sitzen und mit den Beinen baumeln, während man den Ponys zuguckt, die auf der Weide grasen.

Seit diesem Frühjahr steht noch ein Esel dabei, richtiger: eine Eselin, die Großmutter geschenkt bekam. Sie ist hellgrau, hat lange Ohren, die sie vor- und zurückklappen kann, einen langen, dünnen Schwanz mit einer komischen Quaste daran und sanfte, gute Augen. Sie heißt Esa.

Die Kinder lieben Esa, weil sie nie ausschlägt oder ein bißchen zuschnappt, was bei den übermütigen Ponys eben doch manchmal vorkommt. Und seit das Esel-

chen Jan geboren wurde, haben die Kinder Mutter Esa noch einmal so lieb.

Jan ist dunkler als seine Mutter, und ein wolliges Fell wärmt ihn in den kühlen Nächten. Er hat lange, dunkle Ohren und einen dicken Kopf mit einer vorgewölbten Stirn. Auf dieser Stirn kräuseln sich seidige Haare mit einem Wirbel mittendrin – daran kann man Jan von allen anderen Eseln unterscheiden.

Jans Beinchen sind dünn, aber springen kann er damit, daß man staunt. Wenn er neben Mutter Esa herläuft, macht er ab und zu mitten im Trab kleine Bocksprünge. Oder er schlägt plötzlich vor lauter Übermut mit einem Hinterbein zur Seite aus. Das ist so drollig anzusehen, daß Kerstin und Gesi sich nie das Lachen verbeißen können.

Seit Jan da ist, wären die beiden am liebsten den ganzen Tag über auf der Weide. Jetzt im Sommer blinzelt die Sonne zeitig über die Baumkronen, als könnte sie es nicht erwarten, Jan begrüßen zu dürfen. Und abends findet sie kaum in ihr Himmelshaus zurück, so schön ist die Welt.

Aber Kerstin muß sich jeden Morgen von den Ponys und den beiden Eseln trennen und mit ihrem kleinen roten Fahrrad in die Schule flitzen, denn sie ist schon sieben Jahre alt. Manchmal spannt Großmutter auch ein und fährt mit der Ponykutsche ins Städtchen, dann darf Gesi mit.

Die Ponys Schimmelchen und Räppchen laufen flink vor dem kleinen Zweispännerwagen, auf den in der Stadt

die Einkäufe geladen werden: Tüten mit Mehl und Zucker, Brote, Stoff für neue Kleider, wenn die alten ausgewachsen sind, und die Schuhe, die beim Schuster waren. Jan möchte immer mit. Aber das wäre zu gefährlich, denn der Weg führt über die Autostraße, und Jan weiß noch nicht, was Kerstin genau weiß: daß man nur über den Zebrastreifen gehen darf. Sie schiebt jeden Morgen ihr Rad dort hinüber, wenn kein Auto von rechts oder links kommt.

Wenn die Kinder in die Stadt fahren, stellen sie Jan und Esa zum Trost eine Schüssel mit Mohrrüben hin. Dann sind die Esel mit fressen beschäftigt und merken nicht so, daß sie allein bleiben.

Jan kommt mit Vorliebe ins Haus spaziert. Er ist sehr neugierig und muß alles genau untersuchen. Er schnuppert am Radio, und ehe man sich's versieht, hat er die Decke vom Tisch gezogen, daß Tassen, Brot und Marmelade auf die Erde kullern. Oder er knabbert die Sitzkissen der Eckbank an.

Kaum hat man ihn von dort verjagt, steckt er sein Schnäuzchen in den Katzennapf, und eins, zwei, drei ist der leer. Die Kinder schreien. Sie gönnen Jan die Milch, aber für die zwei Kater muß auch etwas übrigbleiben. Die nächtliche Mäusejagd macht durstig!

„Das kommt davon, daß ihr den Esel ins Zimmer laßt!" sagt Großmutter.

Kerstin verspricht dann, frische Milch mitzubringen. Sie kann die Milchkanne vorn an die Lenkstange hängen, wenn sie zur Schule radelt. Da lacht Großmutter und ist nicht mehr böse auf Jan.

Einmal kommt Gesi ins Wohnzimmer und sieht Jan auf der Couch liegen. Er ist hinaufgesprungen, hat gemerkt, wie

weich das Polster ist, und sich zwischen den Kissen zusammengekuschelt. Die Couch ist grün bezogen, da hat er sicher gedacht, es wäre eine Wiese. Gesi stürzt zu Großmutter und zieht sie ins Wohnzimmer.

„Das fotografieren wir!" sagt Großmutter lachend. Und so wird Jan auf der Couch für die Ewigkeit festgehalten.

„Damit Muck es auch glaubt!" sagt Kerstin.

Muck ist auch ein Enkel von Großmutter, ein Jahr älter als Kerstin. Er kann aber nur in den Ferien hier sein, weil er bei seinen Eltern wohnt. Eigentlich heißt er Matthias, doch als er noch ganz klein war, sagte sein Vater immer, der Name sei viel zu lang für einen so kurzen Jungen. Und er nannte ihn „kleiner Muck". Das ist nun so geblieben, obwohl Muck jetzt schon fast einen Kopf größer ist als Kerstin.

Kerstin und Gesi freuen sich schon darauf, Muck das Eselchen zeigen zu können – ihren kleinen Jan, der an einem Sonntag im Mai geboren wurde. Nie werden die Kinder diese Nacht vergessen.

Sie wachten davon auf, daß die Ponys so seltsam röhrten. Kerstin hörte sofort, daß es anders klang als sonst. Sie saß aufrecht im Bett und horchte, während

Gesi, die Stubsnase im Kissen, noch fest schlief.

Da ist was los! dachte Kerstin und kroch vorsichtig aus dem Bett. Im Schlafanzug und barfuß tappte sie hinaus auf die taufeuchte Wiese. Von fern sah sie schon die beiden Ponys stehen, Schimmelchen und Räppchen, und daneben Esa. Was aber stand da bei der Eselin – klein, dunkellockig und naß? Ein Eselchen! Ein neugebornes Eselkind!

„Großmutter! Großmutter!" schrie Ker-

stin, und ihre Stimme überschlug sich fast. „Großmutter, du mußt herkommen, schnell, schnell!"

Und Großmutter, die von dem seltsamen Laut auch wach geworden war und sich schon angezogen hatte, kam über die Wiese gelaufen, so schnell, wie Großmütter sonst eigentlich nicht rennen. Und hinter ihr her tappte Gesi – verschlafen, im Nachthemd und mit nackten Füßen.

Da standen sie nun und staunten.

Ein Wunder! Woher mochte das Eselkind gekommen sein? Gesi schmiegte sich an Großmutter und machte große Augen, und Kerstin ging ganz, ganz langsam und vorsichtig mit winzigen Schritten auf das Tierchen zu, beugte sich hinunter und legte beide Hände um seinen Kopf.

„Gehört es uns, Großmutter?" fragte Gesi atemlos.

Großmutter nickte. Dann nahm sie das kleine Tier behutsam auf den Arm und trug es zum Stall. Esa folgte ihr, und die Kinder liefen rechts und links mit.

„Wo war es denn vorher, Großmutter?" fragte Gesi.

„Im Leib seiner Mutter", erklärte Großmutter, „so wie ihr früher in eurer Mutter wart. Deshalb haben ja Mütter ihre Kinder auch so lieb. Seht mal, wie anders

Esa jetzt guckt, wenn sie ihren Kleinen betrachtet!"

Wirklich, Esa schien ihr Junges liebevoll und zärtlich anzuschauen, wie eine glückliche Menschenmutter – die Kinder sahen es genau.

„Geradeso gucken auch die Ponys, wenn sie ein Kind bekommen haben, und die Kühe", erzählte Großmutter, während sie das Eselchen im Stall vorsichtig absetzte, „und die Schafe und die Ziegen. Alle Mütter. – Und nun wollen wir unserm Baby ein schönes Bettchen zurechtmachen."

Kerstin kletterte die Heubodentreppe hinauf und warf ein paar Bündel Stroh herunter, und Gesi breitete es locker und einladend dick aus. Darauf bettete Großmutter den kleinen Esel, und Esa stellte sich daneben. Bald aber stand das Eselchen schon wieder auf den Beinen, tappte zur Mutter und suchte mit dem Schnäuzchen das Euter. Denn nun wollte es trinken – schöne, warme, süße Muttermilch, das Beste für kleine Esel und kleine Kinder.

Jans Schnäuzchen hob sich weiß von seinem dunklen Fell ab. Alle jungen Esel haben weiße Schnäuzchen. Und dieses Schnäuzchen suchte nun und schnüffelte an Esas Bauch herum, bis es das Euter gefunden hatte, und saugte sich daran fest. Ab und zu leckte die kleine rote Zunge über die Lippen.

Kerstin und Gesi konnten sich nicht trennen. Sie hockten sich ins Stroh und waren ganz still. Auch Großmutter hatte sich auf einen umgestülpten Holzeimer gesetzt. Man hörte Jan schmatzen und saugen, und die Sonne stieg höher und warf bald ihre ersten Strahlen in den Stall, als wollte auch sie den kleinen Esel begrüßen.

Eselkinder werden sehr schnell selbständig. Schon ein paar Tage später lief Jan mit seiner Mutter auf der Weide herum, neugierig bestaunt von den Ponys, knabberte am Grünfutter und steckte das Schnäuzchen in den Tränkeimer. Sobald Kerstin mittags vom Fahrrad gesprungen war, rannte sie auf die Weide, und immer wieder mußte Großmutter mahnen, daß erst die Schularbeiten kämen und dann das Vergnügen.

Gottlob werden aber jetzt die Tage länger und länger; und dann sind die Ferien da, und Großmutter holt mit der Ponykutsche Muck vom Bahnhof ab. Natürlich haben Kerstin und Gesi nichts Eiligeres zu tun, als ihrem Gast das Esel-kind zu zeigen. Stolz beobachten sie, wie Muck ihren Jan bestaunt.

Nun sind sie zu dritt, und mit Schularbeiten ist es auch für lange, lange wundervolle Wochen vorbei. Zu dritt frühstükken sie in Großmutters gemütlicher Küche oder auf den Verandastufen. Von dort kann man bis zur Weide hinübersehen- und wann zöge es die Kinder nicht zu den Tieren?

Muck denkt sich lustige Dinge aus. Er sucht sich ein altes Ponygeschirr, schnallt daran herum und ändert es, probiert es Esa an und spannt sie vor Großmutters vierrädrigen Handwagen. Nun noch zwei Kissen hinein, auf die sich Kerstin und Gesi setzen müssen. Er selbst balanciert seitlich auf dem Wagenrand, die Zügel in der Hand, um abspringen zu können, wenn es nötig ist. Los!

Esa fängt sogleich an zu ziehen. Sie muß wohl schon früher vor einem Wagen gegangen sein. Nur sieht sie sich dauernd um, ob Jan auch mitkommt.

„Wir müssen Jan voranlaufen lassen!" sagt Muck.

Kerstin klettert sofort aus dem Wagen. Natürlich, wenn Jan vorausläuft, wird Esa hinterherrennen, das ist klar. Kerstin scheucht Jan mit lautem „Hussa, he!" und wedelt mit einem Zweig. Jan saust los. Und Mutter Esa rennt hinter-

her, das Wägelchen nachziehend, daß es schneller geht als mit der Ponykutsche. Die Kinder kreischen vor Vergnügen.

Plötzlich fällt es Jan ein, rechts vom Weg den Hang zur Wiese hinunterzuspringen. Muck ist nicht darauf gefaßt, daß Mutter Esa sofort hinterherwill, und schon saust der Wagen den Hang hinunter und kippt natürlich um. Kerstin und Muck springen rechtzeitig ab, aber Gesi fliegt in weitem Bogen auf die Wiese. Kerstin steht da und lacht und lacht, und Muck muß auch lachen.

„Ihr seid gemein!" jammert Gesi und tut, als hätte sie sich furchtbar weh getan. Aber die beiden andern wissen genau, daß man sich auf einer Juliwiese mit dickem Gras nicht Hals und Beine bricht. Muck übergibt Kerstin die Zügel und hebt Gesi auf.

„Beim Eselwagen-Fahren ist es genau wie beim Reiten: wer beim Runterfallen heult, kommt das nächste Mal nicht wieder mit", sagt er. Da wischt sich Gesi schnell die Tränen ab.

Sie fahren nun oft mit ihrem Eselwagen aus, suchen für Großmutter Rinde, Tannenreisig und Kleinholz, und immer ist Jan dabei. Die Kinder können sich gar nicht mehr vorstellen, wie sie früher ohne Jan gespielt haben.

Muck entdeckt immer wieder etwas, das die anderen nie bemerkt haben. So hat er beobachtet, daß Jan im Stall gern an einer bestimmten Wand steht, aufmerksam bald nach oben, bald nach der Seite guckt und dann plötzlich den kleinen Dickkopf schüttelt, daß die Ohren klatschen. Muck hockt sich hinter Jan und beobachtet ihn mit angehaltenem Atem. Und da sieht er etwas Drolliges...

Wer Ponys hat, hat auch Mäuse. Sie interessieren sich nämlich für den Inhalt der Haferkiste. In jedem Reitstall gibt es Mäuse. Daß sie aber an der Wand hinauf- und herunterlaufen und durch die Risse und Spalten schlüpfen, das wußte Muck noch nicht. Jan aber hat es gemerkt. Und als jetzt eine Maus in eins der Löcher kriecht, und ihr Schwänzchen hängt noch heraus, da nimmt Jan es zwischen seine seidenweichen Lippen und zieht die Maus wieder rückwärts aus dem Loch. Die hängt nun an seinem Schnäuzchen und zappelt und zappelt – und Jan wird es ungemütlich, und er schüttelt den Kopf, daß die Maus hin und her schlenkert und ihr Schwänzchen wegrutscht. Sie fällt 'runter und kann nun eilig das Weite suchen.

Muck gefällt das spaßige Spiel, das Jan sich da ausgedacht hat, und er holt Kerstin und Gesi dazu. Zu dritt sitzen sie im Stall und warten auf Mäuse. Schließlich kommt auch noch Großmutter. Alle vier finden sie dieses neue Jan-Spiel so lustig, daß sie am liebsten den Katern verbieten möchten, Mäuse zu fangen.

Muck beobachtet mit seinen Augen unterm braunen Haarschopf vieles, was die Mädchen nie gesehen haben: wie Jan versucht, bei Schimmelchen zu trinken, wenn Mutter Esa mal in der Sonne liegt und keine Lust hat aufzustehen, damit Jan ans Euter herankommt; oder wie er sich mit Räppchen neckt. Räppchen kommt jeden Morgen ans Koppeltor und steht dort so lange, bis jemand aus dem Haus guckt. Dann macht es: „Bitte, bitte" – das heißt, es stampft mit einem Vorderhuf auf. Meist laufen dann Kerstin oder Gesi ins Haus und kommen mit einer Schnitte Brot zurück.

Die aber frißt Räppchen nicht gleich auf. Es trägt die Scheibe in der Schnauze weg, sucht Jan und legt ihm das Brot vor die Nase. Jan guckt neugierig und etwas mißtrauisch. Er streckt den Hals.

Räppchen aber läßt ihn nicht aus den Augen. In dem Augenblick, da Jan mit seinen Seidenlippen zugreifen will, ist Räppchen da und schnappt sich das Brot.

Einmal, als die beiden sich wieder belauern und ausprobieren wollen, wer nun flinker ist, kommt auf einmal ein Rabe herbeigeflogen und erwischt das Brot. Räppchen und Jan gucken ihm mit erhobenem Kopf verblüfft nach. Kerstin verschluckt sich fast vor Lachen.

Als die Ferien vorbei sind, erzählt sie ihre Erlebnisse mit Jan auch in der Schule. Da kommt am nächsten Wander-

tag die ganze Klasse zu ihnen heraus, und alle Kinder bewundern Jan, Mutter Esa und die Ponys. Kerstin ist sehr stolz, und als ihre Schulfreunde sich verabschieden, darf Gesi noch ein Stück mitwandern, obwohl sie noch nicht zur Schule geht.

Ach ja, die Ferien sind um, und Gesi kommt sich recht verloren vor, seit Muck abgereist ist und Kerstin wieder jeden Morgen in die Schule radelt. Ein Glück, daß sie Jan hat!

Nun wird es Herbst. Die Hagebutten leuchten rot an Großmutters abgeblühten Rosenbüschen, und die Bauern haben das zweite Heu eingefahren.

Jetzt dürfen die Ponys jeden Morgen von der umzäunten Weide spazieren und sich die letzten Hälmchen von Nachbars

Wiesen pflücken. Auch die Esel gehen mit. Kerstin läßt sie früh heraus, wenn sie selbst zur Schule muß. Sie hat sich schon ein bißchen wärmer eingemummelt, denn morgens ist es kalt. Die Wiesen blinken vor Frische, und Kerstin hat eine kleine silbergraue Atemwolke vor dem Mund, wenn sie so dahinradelt.

Gegen Abend laufen dann beide Kinder hinaus und holen die Tiere heim. Manchmal sind die schon ein ganzes Stück auf den Wald zugewandert, jeden Tag ein bißchen weiter. Kerstin und Gesi beeilen sich, sie einzutreiben, ehe es finster wird, sonst findet man sie womöglich nicht mehr.

„Ach, das ist noch jeden Herbst gutgegangen", sagt Großmutter. „Ponys finden immer wieder zum Stall zurück, wenn sie den Weg einmal gelaufen sind."

Ponys ja – aber Esel?

Eines Abends kommen Kerstin und Gesi verstört zurück – sie haben Räppchen und Schimmelchen mitgebracht, aber die beiden Esel nicht.

„Sie sind weg, Großmutter!" stammelt Gesi und fängt an zu weinen. Großmutter ist auch erschrocken, versucht aber, die Kinder zu trösten.

„Wartet, ich komm' mit! Wir werden sie schon finden!"

Sie zieht eine Jacke über und steckt die Taschenlampe ein. Dann gehen sie in den Wald.

Dieser Wald ist Kerstin und Gesi so vertraut wie Stadtkindern die Straßen, durch die sie zur Schule gehen, oder die Spielplätze, wo sie als kleine Kinder Sandkuchen gebacken haben. Sie kennen den Wald im Sommer, wenn man sich hineinflüchtet, weil es im Holzhäuschen zu heiß ist; im Herbst, wenn er in den herrlichsten Farben von Gelb bis Purpurrot leuchtet; im Winter bei Rauhreif und Schnee; und im Frühling, wenn die Laubbäume und die Lärchen so hellgrün zwischen dem Nadelholz stehen – wenn er „scheckt", wie Gesi einmal gesagt hat. Die Kinder lieben den Wald.

Großmutter macht lange Schritte. Sie ruft, horcht, geht weiter. Und dann lacht sie plötzlich und zeigt mit der Hand nach vorn, dorthin, wo Nadelbäume ihre Äste tief herabhängen lassen – so tief, daß gerade Gesi noch, ohne sich zu bükken, darunterschlüpfen kann. Dort gukken ein paar weiße Beine hervor.

„Esa!" schreit Kerstin und krabbelt unter die Zweige. Sie weiß, daß hier auch manchmal die Ponys gestanden haben, wenn sie vor Regen oder Schnee Schutz suchten. Der Boden ist trocken und vol-

ler Tannennadeln, und Jan scheint dieses Polster sehr bequem zu finden. Seine Mutter steht noch, aber er hat sich bereits zum Schlafen hingelegt und zwinkert ein wenig mit seinen glänzenden Augen, als Gesi und Kerstin auf ihn zukriechen.

„Da bist du ja! Gott sei Dank!"

Jan wird umhalst und abgeküßt und gestreichelt, und da streckt er die Beinchen und steht auf, klappt die Ohren nach vorn und schreit zum erstenmal:

„I-ah! I-ah!"

Gesi und Kerstin halten sich lachend die Ohren zu. Eselgeschrei klingt wie das zehnfach verstärkte Knirschen einer rostigen Türangel. Esa hat anfangs auch geschrien, aber sie hat es sich schon längst wieder abgewöhnt.

„Esel schreien im allgemeinen nur, wenn sie Hunger haben oder sich ärgern", erklärt Großmutter, „das hab' ich mal gelesen."

„Ärgert sich Jan jetzt?" fragt Gesi mit aufgerissenen Augen. Großmutter lächelt.

„Vielleicht ein bißchen. Weil ihr ihn beim Einschlafen gestört habt."

Friedlich ziehen sie alle miteinander heim. Kerstin und Gesi laufen mit den

Eseln vor Großmutter her – die lange, dünne Kerstin in Hosen und die kleine, runde Gesi wie fast immer im Kleidchen. Und Großmutter denkt wieder einmal: Beide sind einander so unähnlich, aber so einig in ihrer Liebe zu den Tieren. Wie gut, daß ich ihnen Tiere halten kann. Hätten wir Nachbarn, so würde denen Jans Stimme bestimmt nicht gefallen ... Großmutter lächelt und freut sich, daß sie so einsam wohnt.

Von jetzt an erschrecken Kerstin und Gesi nicht mehr, wenn die Ponys einmal ohne die Esel heimkommen. Sie rennen dann gleich los und suchen, ohne Großmutter zu Hilfe zu rufen. Und sie finden die Esel meist bald.

Einmal aber finden sie Jan und Esa nicht.

Es ist ein bißchen später geworden als sonst. Großmutter mußte noch in die

Stadt, und Kerstin hat ihre Schularbeiten erst in letzter Minute angefangen. So laufen sie erst los, als es schon dämmert. Sie kommen ohne Esel zurück.

„Wenn es dunkel wird, müßt ihr daheim sein!" hat Großmutter bestimmt, und sie haben es versprochen. Sie setzen sich auf die kleine Treppe vor der Haustür und warten auf Großmutter.

Großmutter will ihnen eine Überra-

schung mitbringen, aber Kerstin und Gesi können sich gar nicht recht freuen.

Endlich, endlich hören sie Schritte – und Stimmen. Kommt Großmutter nicht allein?

Nein! Sie bringt Muck mit! Muck hat nämlich schon ein paar Tage eher Herbstferien als Kerstin, und Großmutter hat ihn vom Bahnhof abgeholt.

Das ist eine Freude! Für einen Augenblick vergessen sie sogar Esa und Jan. Aber dann erinnern sie sich wieder an ihren Kummer und erzählen Großmutter von den beiden Ausreißern.

„Jetzt ist es zu spät zum Suchen", sagt Großmutter. „Warten wir erst mal ab. Vielleicht kommen sie von selbst."

Wenn Großmutter das sagt, kann es schon stimmen. Die Kinder gehen mit ihr in die Küche und setzen sich um den Tisch. Großmutter teilt die Suppe aus, die sie vorhin warm gestellt hat. Wenn man erst etwas Ordentliches im Magen hat, ist man gleich ein wenig zuversichtlicher.

Aber als die Kinder später noch einmal hinausschauen, haben Jan und Esa immer noch nicht heimgefunden. Großmutter schickt die drei ins Bett, sie ist selbst müde.

„Morgen findet sich sicher Rat", meint sie.

Kerstin und Gesi können nicht einschlafen. Sie hocken wach in ihren Betten und horchen. Nach einer Weile geht ganz, ganz leise die Tür auf. Muck kommt im Schlafanzug herein.

„Ihr könnt nicht einschlafen, weil ihr immerzu an die Esel denkt?" fragt er. „Mir geht es genauso. Wollen wir noch mal nachsehen?"

„Jetzt, in der Nacht? Wir haben sie

ja nicht gefunden, als es noch hell war", sagt Kerstin.

„Freilich", sagt Muck. „Aber wir können doch nicht einfach nur abwarten ..."

Gesi fängt an zu weinen.

„Ob der Fuchs ihnen was tut?" schluchzt sie.

„Ach wo!" tröstet Muck. „Füchse tun ihnen bestimmt nichts, die haben Angst vor Esas Hinterbeinen. Esa schlägt bestimmt aus wie wild, wenn jemand an ihr Kind heranwill."

„Wir müßten einen Hund haben, der sie suchen könnte", sagt Kerstin nachdenklich. Sie sitzt im Bett, die Arme um die angezogenen Knie geschlungen, das

Kinn aufgestützt, und denkt nach. „Warum hat Großmutter keinen Hund?"

„Weil er im Wald wildern würde. Die meisten Hunde wildern", erklärt Muck. „Aber vielleicht würde ein Hund sie wirklich finden. Hunde haben gute Nasen, deshalb... Ich hab's!" unterbricht er sich und guckt triumphierend von Kerstin zu Gesi. „Ich weiß, wie wir es machen! Wir gehen noch mal suchen, aber wir nehmen eins von den Ponys mit!"

„Meinst du?" In Kerstins Augen blitzt ein Hoffnungsschimmer auf, und Gesi krabbelt sogleich aus dem Bett und zieht eine Trainingshose über den Schlafanzug.

„Also los!" ruft Muck unternehmungslustig. „Vorwärts, Kerstin, zieh auch was drüber! Ich bin sofort wieder da!"

Leise, leise wie die Mäuschen schleichen die drei Kinder aus dem Haus.

Kerstin weiß, wo Großmutter die Taschenlampe aufbewahrt, und Muck leuchtet damit in den Stall. Dort stehen Räppchen und Schimmelchen und kauen ihr Heu. Muck schnallt Schimmelchen den Zügel ein.

„Du bekommst nachher noch genug,

erst mußt du uns suchen helfen!" sagt er. „Oder nehmen wir beide mit?"

„Lieber beide", entscheidet Kerstin nach kurzem Überlegen. „Sie sind so aneinander gewöhnt, daß Schimmelchen bestimmt immerzu nach Hause drängen würde, wenn Räppchen nicht mitginge."

„Richtig!" sagt Muck. Gleich darauf gehen sie über die Wiese, die beiden Ponys hinter sich herziehend.

Es ist gar nicht so finster, wie sie gedacht haben. Der Mond steht als schmale Sichel über dem Wald. Ein bißchen leuchtet er schon, und die Augen gewöhnen sich an die Dunkelheit.

„Wo habt ihr sie vorhin gesucht?" fragt Muck. Kerstin erklärt es ihm. Sie schlagen jetzt eine andere Richtung ein. Als sie weit genug vom Haus entfernt sind, fangen sie an zu rufen, zu locken.

„Esa, Esa! Jan, wo bist du? Kommt, kommt, kommt!"

Keine Antwort. Der Wald ist still, kein Vogelruf, nichts. Die Kinder tappen dahin, horchen, rufen wieder. Gesis kur-

ze Beinchen werden müde. Sie sagt nichts, fängt aber an zu stolpern.

„Komm, ich setz' dich drauf", sagt Muck und hebt sie auf Räppchen.

Auf einmal bleibt Schimmelchen stehen.

„Was ist denn?" fragt Kerstin, die Schimmelchen führt. Im nächsten Augenblick wiehert das kleine Pferd hell und

durchdringend in die Nacht hinein, und da antworten vertraute Stimmen. Wahrhaftig:

„I-ah! I-ah!" ertönt es zweistimmig, gar nicht weit von ihnen entfernt.

„Da sind sie, da sind sie!" jubeln die Kinder. Kerstin und Muck rennen vorwärts, die Ponys hinterdrein. Und da sind sie wirklich – Esa und Jan! Da stehen sie in der fahlen Herbstnacht, und als sie die Kinder und ihre vierbeinigen Kameraden sehen, kommen sie ihnen sofort entgegen. Es war ihnen wohl auch nicht ganz geheuer, so allein im Wald!

„Da seid ihr ja, da seid ihr!" ruft Kerstin und umhalst Esa, und Gesi läßt sich von Räppchens Rücken gleiten und küßt Jan auf die Nase. Muck strahlt.

„Was hab' ich gesagt? Die Ponys finden sie!"

Nun ist alles gut.

„Nach Hause reiten wir!" bestimmt Muck. „Gesi kommt auf Esa, sie ist am leichtesten. Esa ist ja nicht dran gewöhnt, Lasten zu tragen." Er legt der Eselin einen Führriemen um den Hals, den er vorsorglich mitgenommen hat.

„Und ich reite auf Schimmelchen!" ruft

Kerstin selig. „Komm, mein Weißes, jetzt geht es heim, da braucht man euch nicht zu zerren wie vorhin!"

Und tatsächlich setzt sich Räppchen in Bewegung, sobald Muck auf seinen Rücken gesprungen ist. Schimmelchen trabt hinterher, und die beiden Esel schließen sich ihnen an.

Muck braucht Esa gar nicht am Riemen zu führen.

„Halt dich an Esas Mähne fest!" rät er Gesi, und die muß lachen. Esa hat gar keine richtige Mähne wie die Ponys, nur einen dünnen, kurzen Stehkragen. Aber sie läuft so behutsam, daß Gesi bestimmt nicht herunterfällt. Jan hopst voran.

Diesen Nachtritt werden sie nie vergessen! Als sie die geliebten grauen Vierbeiner daheim auf der Weide haben, seufzt Muck erleichtert und hakt das Tor zu. Dann bringen sie die Ponys zurück in den Stall.

Am nächsten Morgen wecken die Kinder Großmutter mit der Nachricht, daß Esa und Jan da sind, und erzählen ihr nächtliches Abenteuer.

„Du bist doch nicht böse, daß wir noch mal losgegangen sind?" vergewissert sich

Kerstin, und Gesi schmeichelt: „Wir waren ja nicht allein!"

„Nein, ich war mit!" sagt Muck im Vollgefühl seiner Männlichkeit. „Ich hab' sie beschützt!"

In gleicher Ausstattung ist ein weiterer Schreibschriftband im Loewes Verlag erschienen:

*Ilse Kubasch*

# *Tims große Reise*

64 Seiten mit vielen zweifarbigen Bildern, Efalineinband.

„Immer wieder taucht die Frage nach Kinderbüchern in Schreibschrift auf. Hier sorgen neun unterhaltsame Geschichten und viele lustige Zeichnungen dafür, daß die ersten selbständigen Leseversuche für die Schulanfänger ein Vergnügen werden."

Bücherei und Bildung

*Loewes Verlag Bayreuth*

Kinderfahrt